AF326491

DECLARATION DU ROY,

CONCERNANT LES NOUVELLES Maréchauſſées.

Avec l'Eſtat des Officiers deſdites Maréchauſſées que ſa Majeſté veut & entend eſtre eſtablis dans chacun des Départemens du Royaume, en conſequence de ſon Edit du mois de Mars dernier.

Donnée à Paris le 9. Avril 1720.

Regiſtrée en Parlement le 29. Avril 1720.

A PARIS,

Chez LOUIS DENIS DE LA TOUR,
Et PIERRE SIMON, Imprimeur de la Cour des Aydes,
ruë de la Harpe, aux trois Rois.

MDCCXX.

DECLARATION DU ROY,

CONCERNANT LES NOUVELLES Maréchauffées.

LOUIS par la grace de Dieu, Roy de France & de Navarre : A tous ceux qui ces prefentes Lettres verront, Salut. Ayant par noftre Edit du mois de Mars dernier éteint & fupprimé les anciennes Compagnies des Marefchauflées, & en ayant formé & étably de nouvelles ; le deffein que nous avons eu de choifir, autant que Nous le pourrions, pour les fonctions d'Affeffeurs, nos Procureurs & Greffiers defdites nouvelles Marefchaufflées, des Officiers du Corps de nos Baillages & Senéchaufflées, Nous auroit engagé à ordonner par ledit Edit que lefdites fonctions feroient exercées fur des Commiffions de Nous fcellées de noftre grand Sceau ; Et comme Nous avons auffi ordonné par noftredit Edit que les Exempts pourroient informer en flagrant délit, & lors de la capture feulement, Nous croyons qu'il eft neceffaire d'expliquer plus particulierement nos intentions fur ces deux differentes difpofitions. A CES CAUSES, & autres à ce Nous mouvans, de l'avis de noftre tres-cher & tres-amé Oncle le Duc d'Orleans petit fils de France Regent de noftre Royaume, de noftre tres-cher & tres-amé Oncle le Duc de Chartres premier Prince de noftre Sang, de noftre tres-cher & tres-amé Coufin le Duc de Bourbon, de noftre tres-cher & tres-amé Coufin le Prince de Conty, Princes de noftre Sang, de noftre tres-cher & tres-amé Oncle le Comte de Touloufe Prince Legitimé, & autres Pairs de France, Grands & Notables Perfonnages de noftre Royaume, & de noftre certaine fcience, pleine puiffance & autorité Royale, Nous avons par ces Prefentes fignées de noftre main, dit, declaré, ftatué & ordonné, difons, declarons, ftatuons & ordonnons, voulons & Nous plaift, que noftre Edit du mois de Mars dernier foit executé felon fa forme & teneur ; Et en confequence que les nouvelles Compagnies de Maréchauflées foient inceffamment eftablies fuivant l'Eftat cy-attaché fous le Contre-fcel de noftre Chancellerie. Voulons que les Affeffeurs, nos Procureurs & Greffiers, foient reçûs en la Conneftablie & Marefchauflée de France au Siege de la Table de Marbre de noftre Palais à Paris, en la maniere accouftumée, à l'exception néantmoins de ceux qui feroient ou auroient efté Officiers de nos Bailla-

A ij

ges, Senéchauffées & Marefchauffées, & qui auroient efté reçûs & prefté ferment, foit en nos Cours, ou dans les Baillages & Senéchauffées, ou à la Conneftablie, lefquels Nous difpenfons de prefter un nouveau ferment en ladite Conneftablie; à la charge de reprefenter & faire enregiftrer leurs Commiffions & Actes de reception dans les Offices dont ils font, ou eftoient précédemment pourvûs, tant au Greffe de ladite Conneftablie & Marefchauffée de France au Siege de la Table de Marbre de noftre Palais à Paris, qu'au Greffe de la Maréchauffée du lieu de la réfidence du Prevoft general. Voulons & entendons que lefdites nouvelles Commiffions puiffent eftre exercées fans aucune incompatibilité avec les Offices de nos Baillages & Senéchauffées; Ordonnons que conformément à la De-claration du 20. du mois de Mars 1708. les Exempts ne pourront faire aucune information dans les cas portez par noftredit Edit fans fe faire affifter d'un Greffier, à peine de nullité; & en cas d'abfence du Greffier ordinaire, leur permettons de commettre & prendre pour Greffiers d'Office telles perfonnes majeures qu'ils aviferont, en leur faifant prefter le ferment; & à la charge de remettre incontinent les Informations au Greffe de la Maréchauffée du lieu de la réfidence du Prevoft general, ou du Lieutenant dans le département duquel elles auront efté faites. Si DONNONS EN MANDEMENT à nos amez & feaux Confeillers les Gens tenans noftre Cour de Parlement à Paris, que ces Prefentes ils ayent à faire lire, publier & enregiftrer, & le contenu en icelles, entretenir & faire entretenir, garder & obferver felon leur forme & teneur, fans y contrevenir, ny fouffrir qu'il y foit contrevenu en quelque forte & ma-niere que ce foit. CAR tel eft noftre plaifir; En témoin dequoy Nous avons fait mettre noftre Scel à cefdites Prefentes. DONNE'E à Paris le neuviéme jour d'Avril, l'an de grace mil fept cens vingt, & de noftre Regne le cinquiéme. Signé, LOUIS; Et plus bas, Par le Roy, LE DUC D'ORLEANS Regent, prefent. LE BLANC. Et fcellée du grand Sceau de cire jaune.

Regiftrées, oüy, ce requerant le Procureur General du Roy, pour eftre executées felon leur forme & teneur, & copies collationnées envoyées aux Baillages & Senéchauffées du Reffort, pour y eftre lüës, publiées & regiftrées; Enjoint aux Subftituts du Procureur General du Roy d'y tenir la main, & d'en certifier la Cour dans un mois, fuivant l'Arreft de ce jour. A Paris en Parlement le vingt-neuf Avril mil fept cens vingt.

Signé, GILBERT.

ETAT

DES OFFICIERS DES MARE'CHAUSSE'ES
que ſa Majeſté veut & entend eſtre eſtablis dans chacun des Départemens du Royaume, en conſequence de ſon Edit du mois de Mars dernier, SçAVOIR.

DE'PARTEMENT DE PARIS.

MELUN.

UN Prevoſt general, dont la finance de la Charge eſt fixée à quarante mille livres.
Un Lieutenant, dont la finance de la Charge eſt fixée à quinze mille livres.
Un Aſſeſſeur.
Un Procureur du Roy.
Un Greffier.

TONNERRE.

Un Lieutenant, dont la finance de la Charge eſt fixée à quinze mille livres.
Un Aſſeſſeur.
Un Procureur du Roy.
Un Greffier.

SENS.

Un Lieutenant, dont la finance de la Charge eſt fixée à quinze mille livres.
Un Aſſeſſeur.
Un Procureur du Roy.
Un Greffier.

PROVINS.

Un Lieutenant, dont la finance de la Charge eſt fixée à quinze mille livres.
Un Aſſeſſeur.
Un Procureur du Roy.

Un Greffier.

MEAUX.

Un Lieutenant, dont la finance de la Charge eſt fixée à quinze mille livres.
Un Aſſeſſeur.
Un Procureur du Roy.
Un Greffier.

MANTES.

Un Lieutenant, dont la finance de la Charge eſt fixée à quinze mille livres.
Un Aſſeſſeur.
Un Procureur du Roy.
Un Greffier.

SENLIS.

Un Lieutenant, dont la finance de la Charge eſt fixée à quinze mille livres.
Un Aſſeſſeur.
Un Procureur du Roy.
Un Greffier.

BEAUVAIS.

Un Lieutenant, dont la finance de la Charge eſt fixée à quinze mille livres.
Un Aſſeſſeur.
Un Procureur du Roy.
Un Greffier.

DE'PARTEMENT DE SOISSONNOIS.

SOISSONS.

Un Prevoſt general, dont la finance de la Charge eſt fixée à trente mille livres.

Un Lieutenant, dont la finance de la Charge eſt fixée à quinze mille livres.

Un Aſſeſſeur.

Un Procureur du Roy.

Un Greffier.

LAON.

Un Lieutenant, dont la finance de la Charge eſt fixée à quinze mille livres.

Un Aſſeſſeur.

Un Procureur du Roy.

Un Greffier.

CLERMONT EN BEAUVOISIS.

Un Lieutenant, dont la finance de la Charge eſt fixée à quinze mille livres.

Un Aſſeſſeur.

Un Procureur du Roy.

Un Greffier.

DE'PARTEMENT DE PICARDIE ET ARTOIS.

AMIENS.

Un Prevoſt general, dont la finance de la Charge eſt fixée à quarante mille livres.

Un Lieutenant, dont la finance de la Charge eſt fixée à quinze mille livres.

Un Aſſeſſeur.

Un Procureur du Roy.

Un Greffier.

ABBEVILLE.

Un Lieutenant, dont la finance de la Charge eſt fixée à quinze mille livres.

Un Aſſeſſeur.

Un Procureur du Roy.

Un Greffier

ARRAS.

Un Lieutenant, dont la finance de la Charge eſt fixée à quinze mille livres.

Un Aſſeſſeur.

Un Procureur du Roy.

Un Greffier.

BOULOGNE.

Un Lieutenant, dont la finance de la Charge eſt fixée à quinze mille livres.

Un Aſſeſſeur.

Un Procureur du Roy.

Un Greffier.

DE'PARTEMENT DE CHAMPAGNE.

CHAALONS.

Un Prevoſt general, dont la finance de la Charge eſt fixée à quarante mille livres.

Un Lieutenant, dont la finance de la Charge eſt fixée à quinze mille livres.

Un autre Lieutenant, dont la finance de la Charge eſt pareillement fixée à quinze mille livres.

Un Aſſeſſeur.

Un Procureur du Roy.

Un Greffier.

RHEIMS.

RHEIMS.

Un Lieutenant, dont la finance de
la Charge eft fixée à quinze mille
livres.
Un Affeffeur.
Un Procureur du Roy.
Un Greffier.

TROYES.

Un Lieutenant , dont la finance de
la Charge eft fixée à quinze mille
livres.

Un Affeffeur.
Un Procureur du Roy.
Un Greffier.

LANGRES.

Un Lieutenant , dont la finance de
la Charge eft fixée à quinze mille
livres.
Un Affeffeur.
Un Procureur du Roy.
Un Greffier.

DEPARTEMENT D'ORLEANNOIS.

ORLEANS.

Un Prevoft general , dont la finance
de la Charge eft fixée à quarante
mille livres.
Un premier Lieutenant, dont la fi-
nance de la Charge eft fixée à quin-
ze mille livres.
Un fecond Lieutenant, *idem.*
Un Affeffeur.
Un Procureur du Roy.
Un Greffier.

Un Procureur du Roy.
Un Greffier.

BLOIS.

Un Lieutenant , dont la finance de
la Charge eft fixée à quinze mille
livres.
Un Affeffeur.
Un Procureur du Roy.
Un Greffier.

CHARTRES.

Un Lieutenant , dont la finance de
la Charge eft fixée à quinze mille
livres.
Un Affeffeur.

MONTARGIS.

Un Lieutenant , dont la finance de
la Charge eft fixée à quinze mille
livres.
Un Affeffeur.
Un Procureur du Roy.
Un Greffier.

DEPARTEMENT DE TOURAINE, ANJOU, & le Maine.

ANGERS.

Un Prevoft general , dont la finance
de la Charge eft fixée à quarante
mille livres.
Un Lieutenant dont la finance de
la Charge eft fixée à quinze mille
livres.
Un Affeffeur.
Un Procureur du Roy.
Un Greffier.

CHATEAUGONTIER.

Un Lieutenant , dont la finance de
la Charge eft fixée à quinze mille
livres.
Un Affeffeur.
Un Procureur du Roy.
Un Greffier.

LE MANS.

Un Lieutenant , dont la finance de

B

la Charge est fixée à quinze mille livres.

Un Assesseur.

Un Procureur du Roy.

Un Greffier.

TOURS.

Un Lieutenant, dont la finance de

la Charge est fixée à quinze mille livres.

Un second Lieutenant, *idem*.

Un Assesseur.

Un Procureur du Roy.

Un Greffier.

DÉPARTEMENT DE BERRY.

BOURGES.

Un Prevost general, dont la finance de la Charge est fixée à quarante mille livres.

Un Lieutenant, dont la finance de la Charge est fixée à quinze mille livres.

Un autre Lieutenant, *idem*.

Un Assesseur.

Un Procureur du Roy.

Un Greffier.

CHASTILLON SUR INDRE.

Un Lieutenant, dont la finance de la Charge est fixée à quinze mille livres.

Un Assesseur.

Un Procureur du Roy.

Un Greffier.

DÉPARTEMENT DE BOURBONNOIS.

MOULINS.

Un Prevost general, dont la finance de la Charge est fixée à quarante mille livres.

Un Lieutenant, dont la finance de la Charge est fixée à quinze mille livres.

Un autre Lieutenant, *idem*.

Un Assesseur.

Un Procureur du Roy.

Un Greffier.

GUÉRET.

Un Lieutenant, dont la finance de la Charge est fixée à quinze mille livres.

Un Assesseur.

Un Procureur du Roy.

Un Greffier.

DÉPARTEMENT DE POITOU.

POITIERS.

Un Prevost general, dont la finance de la Charge est fixée à quarante mille livres.

Un Lieutenant, dont la finance de la Charge est fixée à quinze mille livres.

Un Assesseur.

Un Procureur du Roy.

Un Greffier.

FONTENAY-LE-COMTÉ.

Un Lieutenant, dont la finance de la Charge est fixée à quinze mille livres.

Un Assesseur.

Un Procureur du Roy.

Un Greffier.

MONTAIGU.

Un Lieutenant, dont la finance de

la Charge est fixée à quinze mille livres.
Un Assesseur.
Un Procureur du Roy.
Un Greffier.

MONTMORILLON.

Un Lieutenant, dont la finance de

la Charge est fixée à quinze mille livres.
Un Assesseur.
Un Procureur du Roy.
Un Greffier.

DE'PARTEMENT DE LIMOSIN.

LIMOGES.

Un Prevost general, dont la finance de la Charge est fixée à trente mille livres.
Un Lieutenant, dont la finance de la Charge est fixée à quinze mille livres.
Un Assesseur.
Un Procureur du Roy.
Un Greffier.

Charge est fixée à quinze mille livres.
Un Assesseur.
Un Procureur du Roy.
Un Greffier.

ANGOULESME.

Un Lieutenant, dont la finance de la Charge est fixée à quinze mille livres.
Un Assesseur.
Un Procureur du Roy.
Un Greffier.

TULLES.

Un Lieutenant, dont la finance de la

DE'PARTEMENT D'AUVERGNE.

CLERMONT.

Un Prevost general, dont la finance de la Charge est fixée à quarante mille livres.

RIOM.

Un Lieutenant, dont la finance de la Charge est fixée à quinze mille livres.
Un Assesseur.

Un Procureur du Roy.
Un Greffier.

SAINT FLOUR.

Un Lieutenant, dont la finance de la Charge est fixée à quinze mille livres.
Un Assesseur.
Un Procureur du Roy.
Un Greffier.

DE'PARTEMENT DE LYONNOIS.

LYON.

Un Prevost general, dont la finance de la Charge est fixée à quarante mille livres.
Un Lieutenant, dont la finance de la Charge est fixée à quinze mille livres.

Un Assesseur.
Un Procureur du Roy.
Un Greffier.

MONTBRISON.

Un Lieutenant, dont la finance de la Charge est fixée à quinze mille livres.

Un Affeffeur.
Un Procureur du Roy.
Un Greffier.

ROANNE.

Un Lieutenant, dont la finance de

la Charge eft fixée à quinze mille
livres.
Un Affeffeur.
Un Procureur du Roy.
Un Greffier.

DE'PARTEMENT DU PAYS D'AUNIX.

LA ROCHELLE.

Un Prevoft general, dont la finance
de la Charge eft fixée à trente
mille livres.
Un Lieutenant, dont la finance de la
Charge eft fixée à quinze mille
livres
Un Affeffeur.
Un Procureur du Roy.

Un Greffier.

XAINTES.

Un Lieutenant, dont la finance de
la Charge eft fixée à quinze mille
livres.
Un Affeffeur.
Un Procureur du Roy.
Un Greffier.

DE'PARTEMENT DU DUCHE' DE BOURGOGNE.

DIJON.

Un Prevoft general, dont la finance
de la Charge eft fixée à quarante
mille livres.
Un Lieutenant, dont la finance de
la Charge eft fixée à quinze mille
livres.
Un Affeffeur.
Un Procureur du Roy.
Un Greffier.

CHALON.

Un Lieutenant, dont la finance de fa
Charge eft fixée à quinze mille
livres.
Un Affeffeur.
Un Procureur du Roy.

Un Greffier.

MASCON.

Un Lieutenant, dont la finance de
la Charge eft fixée à quinze mille
livres.
Un Affeffeur.
Un Procureur du Roy.
Un Greffier.

AUXERRE.

Un Lieutenant, dont la finance de
la Charge eft fixée à quinze mille
livres.
Un Affeffeur.
Un Procureur du Roy.
Un Greffier.

DE'PARTEMENT DE BRESSE, BUGEY, GEX
& Valromey.

BOURG.

Un Prevoft General, dont la finance
de la Charge eft fixée à trente
mille livres.
Un Lieutenant, dont la finance de

la Charge eft fixée à quinze mille
livres.
Un Affeffeur.
Un Procureur du Roy.
Un Greffier.

DE'PARTEMENT

DÉPARTEMENT DE ROUEN.

ROUEN.

Un Prevoſt general, dont la finance de la Charge eſt fixée à quarante mille livres.
Un Lieutenant, dont la finance de la Charge eſt fixée à quinze mille livres.
Un autre Lieutenant, *idem*.
Un Aſſeſſeur.

Un Procureur du Roy.
Un Greffier.

CAUDEBEC.

Un Lieutenant, dont la finance de la Charge eſt fixée à quinze mille livres.
Un Aſſeſſeur.
Un Procureur du Roy.
Un Greffier.

DÉPARTEMENT DE CAEN.

CAEN.

Un Prevoſt general, dont la finance de la Charge eſt fixée à trente mille livres.
Un Lieutenant, dont la finance de la Charge eſt fixée à quinze mille livres.
Un Aſſeſſeur.
Un Procureur du Roy.

Un Greffier.

COUTANCES.

Un Lieutenant, dont la finance de la Charge eſt fixée à quinze mille livres.
Un Aſſeſſeur.
Un Procureur du Roy.
Un Greffier.

DÉPARTEMENT D'ALENÇON.

ALENÇON.

Un Prevoſt general, dont la finance de la Charge eſt fixée à trente mille livres.
Un Lieutenant, dont la finance de la Charge eſt fixée à quinze mille livres.
Un Aſſeſſeur.
Un Procureur du Roy.

Un Greffier.

FALAISE.

Un Lieutenant, dont la finance de la Charge eſt fixée à quinze mille livres.
Un Aſſeſſeur.
Un Procureur du Roy.
Un Greffier.

DÉPARTEMENT DE BRETAGNE.

RENNES.

Un Prevoſt general, dont la finance de la charge eſt fixée à quarante mille livres.
Un Lieutenant, dont la finance de la Charge eſt fixée à quinze mille livres.
Un autre Lieutenant, *idem*.

Un Aſſeſſeur.
Un Procureur du Roy.
Un Greffier.

NANTES.

Un Lieutenant, dont la finance de la Charge eſt fixée à quinze mille livres.
Un Aſſeſſeur.

C

Un Procureur du Roy,
Un Greffier.

VANNES.

Un Lieutenant , dont la finance de la Charge eſt fixée à quinze mille livres.
Un Aſſeſſeur.
Un Procureur du Roy.

Un Greffier.

QUIMPERCORENTIN.

Un Lieutenant , dont la finance de la Charge eſt fixée à quinze mille livres.
Un Aſſeſſeur.
Un Procureur du Roy.
Un Greffier.

DE'PARTEMENT DE GUYENNE.

BORDEAUX.

Un Prevoſt general , dont la finance de la Charge eſt fixée à quarante mille livres.
Un Lieutenant , dont la finance de la Charge eſt fixée à quinze mille livres.
Un autre Lieutenant , *idem.*
Un Aſſeſſeur.
Un Procureur du Roy.
Un Greffier.

PERIGUEUX.

Un Lieutenant , dont la finance de

la Charge eſt fixée à quinze mille livres.
Un Aſſeſſeur.
Un Procureur du Roy.
Un Greffier.

AGEN.

Un Lieutenant , dont la finance de la Charge eſt fixée à quinze mille livres.
Un Aſſeſſeur.
Un Procureur du Roy.
Un Greffier.

DE'PARTEMENT DE MONTAUBAN.

Un Prevoſt general , dont la finance de la charge eſt fixée à trente mille livres.

CAHORS.

Un Lieutenant , dont la finance de la Charge eſt fixée à quinze mille livres.
Un Aſſeſſeur.
Un Procureur du Roy.

Un Greffier.

RODEZ.

Un Lieutenant , dont la finance de la Charge eſt fixée à quinze mille livres.
Un Aſſeſſeur.
Un Procureur du Roy.
Un Greffier.

DE'PARTEMENT DE DAUPHINE'.

GRENOBLE.

Un Prevoſt general , dont la finance de la Charge eſt fixée à quarante mille livres.
Un Lieutenant , dont la finance de

la Charge eſt fixée à quinze mille livres.
Un Aſſeſſeur.
Un Procureur du Roy.
Un Greffier.

VALENCE.

Un Lieutenant, dont la finance de la Charge est fixée à quinze mille livres.
Un Assesseur.
Un Procureur du Roy.
Un Greffier.

MONTPELLIER.

Un Prevost general, dont la finance de la Charge est fixée à quarante mille livres.
Un Lieutenant, dont la finance de la Charge est fixée à quinze mille livres.
Un Assesseur.
Un Procureur du Roy.
Un Greffier.

LE PUY EN VELLAY.

Un Lieutenant, dont la finance de la Charge est fixée à quinze mille livres.
Un Assesseur.
Un Procureur du Roy.

DE'PARTEMENT DE PROVENCE.

A I X.

Un Prevost general, dont la finance de la Charge est fixée à trente mille livres.
Un Lieutenant, dont la finance de la Charge est fixée à quinze mille livres.
Un Assesseur.
Un Procureur du Roy.

DE'PARTEMENT DE BEARN.

P A U.

Un Prevost general, dont la finance de la Charge est fixée à quarante mille livres.
Un Lieutenant, dont la finance de

GAP.

Un Lieutenant, dont la finance de la Charge est fixée à quinze mille livres.
Un Assesseur.
Un Procureur du Roy.
Un Greffier.

DE'PARTEMENT DE LANGUEDOC.

Un Greffier.

CARCASSONNE.

Un Lieutenant, dont la finance de la Charge est fixée à quinze mille livres.
Un Assesseur.
Un Procureur du Roy.
Un Greffier.

TOULOUSE.

Un Lieutenant, dont la finance de la Charge est fixée à quinze mille livres.
Un Assesseur.
Un Procureur du Roy.
Un Greffier.

Un Greffier.

DIGNE.

Un Lieutenant, dont la finance de la Charge est fixée à quinze mille livres.
Un Assesseur.
Un Procureur du Roy.
Un Greffier.

la Charge est fixée à quinze mille livres.
Un Assesseur.
Un Procureur du Roy.
Un Greffier.

MONTDEMARSAN.

Un Lieutenant, dont la finance de la Charge eſt fixée à quinze mille livres.
Un Aſſeſſeur.
Un Procureur du Roy.
Un Greffier.

DE'PARTEMENT
PERPIGNAN.

Un Prevoſt general, dont la finance de la Charge eſt fixée à trente mille livres.
Un Lieutenant, dont la finance de la Charge eſt fixée à quinze mille livres.
Un Aſſeſſeur.
Un Procureur du Roy.

DE'PARTEMENT DES
METZ.

Un Prevoſt general, dont la finance de la Charge eſt fixée à trente mille livres.
Un Lieutenant, dont la finance de la Charge eſt fixée à quinze mille livres.
Un Aſſeſſeur.
Un Procureur du Roy.

DE'PARTEMENT
LILLE.

Un Prevoſt general, dont la finance de la Charge eſt fixée à trente mille livres.
Un Lieutenant, dont la finance de la Charge eſt fixée à quinze mille livres.

DE'PARTEMENT
VALENCIENNES,

Un Prevoſt general, dont la finance de la Charge eſt fixée à trente mille livres
Un Lieutenant, dont la finance de

AUCH.

Un Lieutenant, dont la finance de la Charge eſt fixée à quinze mille livres.
Un Aſſeſſeur.
Un Procureur du Roy.
Un Greffier.

DE ROUSSILLON.

Un Greffier.

PAMIERS.

Un Lieutenant, dont la finance de la Charge eſt fixée à quinze mille livres.
Un Aſſeſſeur.
Un Procureur du Roy.
Un Greffier.

TROIS EVESCHEZ.

Un Greffier.

VERDUN.

Un Lieutenant, dont la finance de la Charge eſt fixée à quinze mille livres.
Un Aſſeſſeur.
Un Procureur du Roy.
Un Greffier.

DE FLANDRES.

Un autre Lieutenant, dont la finance de la Charge eſt fixée à quinze mille livres.
Un Aſſeſſeur.
Un Procureur du Roy.
Un Greffier.

DE HAYNAULT.

la Charge eſt fixée à quinze mille livres.
Un Aſſeſſeur.
Un Procureur du Roy.
Un Greffier.

DE'PARTEMENT

DÉPARTEMENT D'ALSACE.

STRASBOURG.

Un Prevost general, dont la finance de la Charge est fixée à quarante mille livres.
Un Lieutenant, dont la finance de la Charge est fixée à quinze mille livres.
Un Assesseur.
Un Procureur du Roy.

Un Greffier.

COLMAR.

Un Lieutenant, dont la finance de la Charge est fixée à quinze mille livres.
Un Assesseur.
Un Procureur du Roy.
Un Greffier.

DÉPARTEMENT DU COMTÉ DE BOURGOGNE.

BESANCON.

Un Prevost general, dont la finance de la Charge est fixée à quarante mille livres.
Un Lieutenant, dont la finance de la Charge est fixée à quinze mille livres.
Un Assesseur.
Un Procureur du Roy.
Un Greffier.

VEZOUL.

Un Lieutenant, dont la finance de

la Charge est fixée à quinze mille livres.
Un Assesseur.
Un Procureur du Roy.
Un Greffier.

LONS-LE-SAUNIER.

Un Lieutenant, dont la finance de la Charge est fixée à quinze mille livres.
Un Assesseur.
Un Procureur du Roy.
Un Greffier.

FAIT à Paris le neuviéme d'Avril mil sept cens vingt. Signé, LOUIS. Et plus bas, LE BLANC.

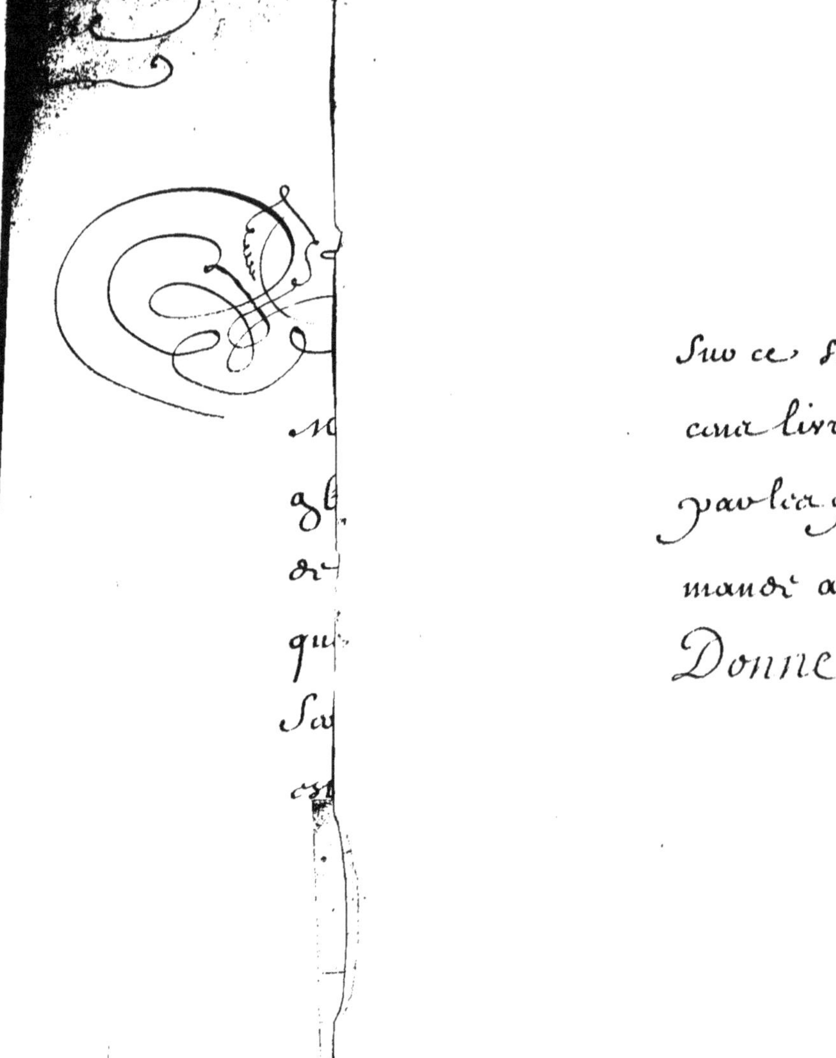

Sur ce s[...]
cent livr[...]
parler[...]
mandé a
Donne[...]

De Par Le Roy

Sa Ma.^te Estant informé que le S.^r de
Montoille qui a esté pourveu le 1.er Juillet de l'année dernière
1719 de la charge de Mar^al general des logis
de Sac camps, et armées n'auroit pu y prester le serment
que le trente janvier dernier, ayant esté employé pour le
Service de Sa Majesté à l'armée d'Espagne, ce qui auroit
esté cause attendu de l'arrest du dix Sept Janvier 1712
douze qui ordonne que touts offi.^ers ne seront payés que du
jour de la prestation du serment, qu'il n'auroit point esté payé de
La somme de quatre mil Deux cens livres employée dans
l'Etat des appointements des off.^ers Majors de la Cava.^rie pour
ceux qui sont attribués à la d. charge pend.^t les Six d.^ers mois
de la d. année, Et Sa Majesté voulant bien l'interessé dans les raisons
qui luy ont causé ce retard, et le relever de la perte des d.
appt.^s Elle mande, et ordonne de l'avis de Monsieur le Duc
d'Orleans e Regent, au Sr de Fauroy Tresorier general de
l'Ex.^ce des guerres de remettre au d. Sr de Montoille la
d. Somme de iiij^m ij^c lt de laquelle Elle luy fait don pour
le montant des d. appt.^s pend.^t les d. Six mois, le raportant
par le d. Sieur de Fauroy la presente avec le d. Etat qui ne
serviront que d'une Seule et mesme decharge, et quitta.^ce

Sur ce suffisante la susd. Somme de quatre mil Da
cens livres, Sera passée, et alouée en la Depence de Ses
par les gens des comptes a Paris, ausquels Sa Maj
mande ainsy le faire Sans diff.té Castelle en Savo
Donne a Paris le 29. Avril 1720.

ffisante la susd. Somme de quatre mil Da[...]
et, Sera passée, et alouée en la Depence de Sa co[...]
par Ses comptes à Paris, auxquels Sa Majt[é]
inssy le faire Sans diffté Cartelle est Sa vol[onté]
à Paris le 29. Avril 1720.

www.ingramcontent.com/pod-product-compliance
Lightning Source LLC
LaVergne TN
LVHW021456060726
842527LV00006B/2281